Faculté de Droit de Toulouse.

ACTE PUBLIC

POUR

LA LICENCE

En Exécution de l'Art. 4, Titre 2, de la loi du 22 Ventôse an XII.

SOUTENU

Par M. AUZOUY (Alphonse-P.-.P-E).

Né à Rignac (Aveyron).

JUS ROMANUM.

De divisione rerum, et acquirendo earum dominio.

Tribus præcipue modis, res nobis inspiciendæ sunt ; illis enim, aut ex propria natura, aut ex voluntate legislatoris, aut ex jure dominii, varii sunt habitus.

Ex propria natura, aut corporales, aut incorporales sunt ; corporales, quæ tangi possunt, ut arbor, ager, etc. Incorporales vero, quæ in jure consistunt, quales sunt servitutes, jura hæreditaria, etc. Res corporales in mobiles et in immobiles dividuntur; mobiles nominantur quæ sponte sua, aut externa causa moventur, immobiles sunt quas nihil movere potest. Interdum etiam res incorporales, aut immobiles aut mobiles appellantur.

Res denique mobiles, aut sunt fungibiles, aut non fungibiles. Priores sunt quæ usu consumuntur, sic pecunia, frumentum; non fungibiles contra, sunt quibus utimur solva earum substantia.

Duplex est ex legislatoris voluntate divisio rerum; nam aut mancipi aut nec mancipi sunt : mancipi dicuntur, quæ per mancipationem nobis acquiruntur, aut per in jure cessionem. Pares enim sunt effectus mancipationis aut cessionis in jure. Aliquando etiam per usucapionem res mancipi acquirimus. Hæ sunt prædia in Italico solo, tam rustica quam urbana, item servi et quadrupedes, quæ dorso collo ve domantur, velut boves, muli et asini. Elephanti et cameli quamvis collo dorsoque domantur, nec mancipi res sunt. Cæteræ res quæ nuda traditione, aut cæteris acquirendi modis nostræ fiunt, res nes mancipi appellantur.

Duplex iterum ex jure dominii, rerum divisio decurrit. Aliæ enim divini juris, aliæ humani vocantur. Divini juris sunt, res sacræ. religiosæ et sanctæ, humani vero, publicæ et privatæ. Prisco jure sacræ dicebantur quæ Diis superis consecratæ erant, religiosæ, quæ Diis manibus. Divus Justinianus sacras appellat, quæ pontificibus rite Deo consecratæ sunt, religiosasque, res mortuorum memoriæ, funebrium cinerum perpetua depositione devotæ. Sanctæ res erant, quas leges ab hominum injuriis tuebantur, quales civitatis muri et portæ.

Humani juris aut publicæ, aut privatæ sunt.

Publicæ ita intelliguntur, ut earum usus, omnibus hominibus communis sit; sic aer, mare et aqua profluens. Aut dum neminis sunt, prioris occupantis fiant, ut feræ bestiæ, fugacesque volucres. Aretiori sensu, publicæ vocantur, res quibus uti licet singulis e populo, in quibus numerantur, portus, flumina, fluminumque ripæ. Publicæ tandem sunt, res cujusdam universitatis, sic theatra, scholæ cæteraque publicæ, civitatis monumenta.

Cæteræ res privatæ nominantur, quod in patrimonio cujusque, et sœpius in commercio extant. Publicas tamen res in singulorum patrimonio fieri licet.

Multis modis privatas res, aut publicas quas in patrimonio fieri licet, jure civili, aut jure gentium acquirimus.

Quatuor ex jure civili, quatuorque ex jure gentium acquirendi sunt modi, quorum priores, hæreditas, possio bonorum, adrogatio et addictio bonorum sunt, alteri vero in occupatione, accessione, perceptione fructuum, traditioneque consistunt.

De occupatione. — Definitur occupatio, jus quo res nullius prioris ocupantis fiunt. Non vero tamen, jus est occupatio, sed in facto consistit ; at ex illo facto, jus oritur.

In corporalibus rebus semper fit occupatio, nunquam in incorporalibus, nam vera ut valeat, apprehensione opus est. Sœpius res nullius in animalibus inveniuntur ; quæ aut fera, aut mansuefacta, aut mansueta dicimus. Quas apprehendimus feras bestias, nostras esse patet, nostrasque manere donec in manu sunt ; nec tuam tamen vulneratam feram puta nisi eam manibus apprehenderis et in proprio dominio retineris ; nam si effugerit, libertatemque recœperit, nullius iterum fit, dominiumque tuum extinguitur. Si vero, aprum exagitans, illum in fundo alieno, invito etiam agri domino persecutus eris et cœperis, ille tamen tuus erit.

Mansuefactæ bestiæ, sunt quæ eundi et redeundi, evolandi et revolandi habent animum. Quales sunt columbæ et apes. Hæ nostræ manent dum talem servant animum. At si nulla adhibita arte aliena, nec vi, eundi et redeundi consuetudinem amiserint, prioris occupantis fient, nisi tamen illas insequeris ; tum enim in dominio habebis donec in conspectu tuo erunt.

Mansuetas bestias nunquam occupamus : has enim domino semper vindicare licet.

Prædam ex hoste factam, nostram quoque occupatione facimus ; occupatione etiam lapillas et gemmas in littore maris inventas, acquirimus, illæ enim res neminis sunt nec fuerunt. Aliquando occupatione res quæ olim in cujusdam patrimonio extiterunt, sed a domino relictas, abdicandi mente dominii, habemus. Si vero dura necessitate, ut in procella, levandæ navis causa, derelictæ fuerint, derelinquentis jus in eas non desinet; non secus de amissis rebus.

Thesaurus definitur, vetus quædam dispositio pecuniæ, cujus non extat memoria, ut jam dominum non habeat; si igitur quis in proprio fundo, aut in sacro agro thesaurum invenerit, totum suum habebit : si fortuito casu, et non data ad hoc opera, thesaurum in fundo alieno inveneris, dimidia pars tibi, dimidia vero agri domino dabitur. Fortuito casu etiam et non data opera, in sacro agro, aut religioso inveniri debet thesaurus, ut tuus fiat, ne detur occasio aperiendi sepulchra, defunctorum que urnas violandi.

CODE CIVIL.

Des dispositions permises en faveur des petits Enfants du donateur ou testateur, ou des enfants de ses frères et sœurs.

La loi du 17 mai 1826 a abrogé les dispositions des articles 1048, 1049 et 1050 du code civil, en permettant de donner les biens dont il est permis de disposer aux termes des articles 913, 915 et 916 du code civil, en tout ou en parti e, par acte entre-vifs ou testamentaire avec la charge de les rendre à un ou plusieurs enfants du donataire, nés ou à naître, jusqu'au deuxième degré exclusivement.

D'après les articles 1048, 1049 et 1030 du code civil, on pourrait bien donner à un ou plusieurs enfants, ou frères ou sœurs avec charge de restitution ; mais la restitution devrait avoir lieu en faveur de tous les enfants nés ou à naître, et au premier degré seulement des donataires.

Le fond du droit a été complétement changé, et ce n'est que quant au mode d'exécution que les dispositions du code civil sont restées en vigueur. Ces dispositions se trouvent contenues dans les articles 1051 à 1074, que nous allons parcourir rapidement. Aux termes de l'article 1051, si le grevé de restitution au profit de ses enfants, meurt laissant des enfants au premier degré et des descendants d'un enfant prédécédé, ces derniers recueilleront par représentation, la portion de l'enfant prédécédé. Cet article, en consacrant le droit de représentation, s'explique sur le cas où le grevé a laissé des enfants au premier degré et des descendants d'un enfant prédécédé ; mais si tous les appelés sont morts avant le grevé, la substitution sera caduque quand même ils aient laissé des descendants, et les biens deviendront libres entre les mains du grevé de restitution : On dit en faveur de cette opinion, la loi ne voit les substitutions qu'avec défaveur, puisqu'elle les proscrit en principe et ne les autorise qu'en faveur des enfants du donateur ou de ses petits enfants. Par conséquent on doit restreindre l'exception introduite par l'article 1051 au cas du concours des descendants de l'enfant prédécédé, avec les autres enfants du grevé : hors ce cas les petits enfants ne peuvent invoquer que leurs droits de succession, si la substitution ne leur a pas été étendue expressément par le donateur.

Les dispositions avec charge de restitution peuvent être faites par le père et la mère des grevés, et même par leurs frères et sœurs, pourvu, dans ce dernier cas, que le testateur ou donateur meure sans enfants. On entend ici par enfants tous les descendants directs : il est à remarquer, que l'article 1049 présente une de ces bizarreries si communes dans la loi ; en effet, le testateur qui laisse des descendants directs peut cependant disposer de la qualité disponible en faveur de ses frères et sœurs, si bon lui semble ; mais d'après l'article 1049, il lui est défendu d'imposer au donataire la condition de conserver et de rendre les biens qui composent cette libéralité. Nous ne voyons pas quelle raison on pourrait donner pour justifier cette disposition, si ce n'est la volonté du législateur, qu'on est forcé d'accepter, mais qu'on ne peut discuter.

Ces dispositions peuvent être faites indifféremment par acte entre-vifs ou testamentaires, et les frères et sœurs jouissent de ce droit d'une manière bien plus étendue que les père et mère. La loi n'a pas établi de réserve ou les collatéraux, et il en existe une au profit des enfans ; par conséquent les frères et sœurs peuvent faire porter la charge de conserver et de rendre sur tous les biens dont ils disposent, tandis que les père et mère ne peuvent grever d'une obligation quelconque le donataire de la portion disponible. Mais dans les deux cas, pour que la substitution soit valable, il faut : 1° Qu'elle ait lieu en faveur d'un ou de plusieurs enfants du grevé ; 2° Qu'elle ne dépasse pas le second degre; 3° Que si elle a lieu entre-vifs elle soit faite par l'acte même qui contient la disposition au profit du grevé. Toutefois, en vertu de l'article 1052, si le donataire sans charge de restitution, accepte une nouvelle libéralité, faite par acte entre-vifs ou testamentaire, sous la condition que les biens précédemment donnés demeurent grevés de cette charge, il ne leur est plus permis de diviser les deux dispositions faites à leur profit, et de renoncer à la seconde pour s'en tenir à la première, quand même ils offriraient de rendre les biens compris dans la seconde disposition.

Des obligations du Grevé et des droits des Appelés.

On a donné la qualification d'*appelé* à l'héritier substitué, c'est-à-dire à celui qui doit recueillir l'héritage que le premier héritier est obligé de lui conserver et de lui rendre; on nomme celui-ci *grevé*.

Tant que dure la jouissance du grevé, les appelés n'ont aucune espèce de droit sur les biens sujets à restitution; il est même reconnu que dans cette période la charge de conserver et de rendre peut être anéantie par le consentement réciproque du grevé et du donateur; le droit des appelés ne s'ouvre donc qu'au moment où la jouissance du grevé vient à cesser, n'importe de quelle manière. Toutefois, la fraude qui vicie tous les contrats mettrait obstacle aux droits des appelés. Ainsi, si le grevé leur faisait un abandon anticipé des biens qu'il serait chargé de conserver et de rendre, dans le but de frauder ses créanciers, ceux-ci pourraient se faire accorder la jouissance des biens grevés de substitution jusqu'au décès de leur débiteur.

Le droit du grevé diffère essentiellement de celui de l'usufruitier. Cependant comme quelquefois ils ont des effets semblables, leurs obligations ont beaucoup de rapport. Le grevé a de nombreuses formalités à remplir, pour garantir la conservation des biens aux appelés, et pour prévenir les surprises qui pourraient avoir lieu à l'égard des tiers.

Avant d'énumérer ces diverses formalités nous ferons observer, que la minorité du grevé , ni l'insolvabilité de son tuteur, ne peuvent le faire restituer contre l'inexécution des règles que nous allons exposer.

La première de ces règles exige qu'un tuteur soit nommé à la substitution, soit par le testateur ou donateur dans l'acte même de donation, ou par un acte postérieur authentique, ou par le conseil de famille des appelés, à la diligence du grevé ou de son tuteur s'il est mineur, et dans le délai d'un mois à dater du décès du disposant , ou du jour que l'acte contenant la disposition a été connu postérieurement à son décès. Du reste , que le tuteur soit nommé par le testateur ou par le conseil de famille, il ne pourra être dispensé que pour une des causes exprimées au titre de la *Minorité, Tutelle*, etc. Le tuteur est chargé de veiller à l'exécution de toutes les formalités prescrites par les articles 1058-1072, et il est personnellement responsable de leur inexécution. Toutefois, la loi n'accordant pas aux appelés l'hypothèque légale sur les biens du tuteur de la substitution , nous pensons qu'elle n'existe pas en leur faveur; on ne peut pas raisonner par analogie de ce qui a lieu pour les mineurs, à qui la loi l'accorde expressément. De plus le tuteur doit faire en sorte que si la restitution a lieu elle soit fidèlement opérée. Cette obligation de faire nommer un tuteur à la substitution est impérieusement imposée au grevé qui, dans le cas où il la méconnait, est, en vertu de l'article 1057, déchu du bénéfice de la disposition ; et dans ce cas, le droit peut être déclaré ouvert au profit des appelés, à la diligence soit des appelés eux-mêmes, s'ils sont majeurs, soit de leur tuteur ou curateur, s'ils sont mineurs ou interdits, soit de tout parent des appelés majeurs, mineurs, ou interdits, et même d'office, à la diligence du procureur du roi, près le tribunal de première instance du lieu où la succession est ouverte.

Le tuteur nommé, il doit être procédé en sa présence , et dans les formes ordinaires, à l'inventaire de tous les biens et effets qui composent la succession du disposant ; cet inventaire devra être fait à la requête du grevé, et faute par celui-ci d'y avoir satisfait dans le délai de trois mois, il y sera procédé dans le mois suivant, à la diligence du tuteur nommé à la substitution, ou enfin, à défaut de ce dernier, à la diligence des personnes indiquées ci-dessus , pour provoquer l'ouverture du droit en faveur des appelés, en cas de déchéance du grevé. Dans tous les cas, le grevé ou celui qui le représente doit y être appelé.

Il est clair que l'inventaire de la succession ne devra pas être fait, si la substitution ne porte que sur un legs particulier. L'inventaire devra contenir la prisée à juste prix et sans crue des effets mobiliers de la succession, et les frais seront pris sur les biens compris dans la disposition.

Quand, au moyen de l'inventaire, on a déterminé la qualité et la nature des biens qui sont compris dans la substitution, il reste à prendre les mesures nécessaires pour en assurer la conservation aux appelés. Relativement aux meubles, les mesures sont à peu près les mêmes que celles qui sont prescrites relativement au mobilier des mineurs. Ainsi, il doit être procédé, à la requête du grevé, à la vente aux enchères et après affiches, de tous les meubles et effets compris dans la disposition, à l'exception cependant de ceux dont le donateur a ordonné la conservation en nature, et qui doivent être rendus dans l'état où ils se trouvent au moment de la restitution. Il existe une autre exception à la nécessité de la vente en faveur des bestiaux et ustensiles servant à l'exploitation d'un immeuble compris dans la substitution. Le grevé est seulement tenu de les faire estimer, et d'en rendre une valeur égale à l'époque de la restitution. Il est à remarquer que si les mêmes bestiaux ont augmenté de valeur à l'époque de la restitution, cette augmentation profitera au grevé qui n'est tenu que d'en rendre la même valeur, de même que toute dépréciation sera à son préjudice. Le produit de la vente du mobilier et les deniers provenant du remboursement des effets actifs, devront être réunis en numéraire trouvé dans la succession, et il devra en être fait emploi dans les six mois, à compter de la clôture de l'inventaire, sauf prolongation, s'il y a lieu. Le grevé doit aussi faire emploi des deniers provenant des effets remboursés pendant sa jouissance, et ce dans les trois mois à compter de la date de ces remboursements. Si le donateur a prescrit le mode d'emploi de ces fonds, on doit se conformer à sa volonté, s'il a gardé le silence là dessus, l'emploi devra être fait en immeubles, ou avec privilége sur des immeubles , et dans tous les cas avec l'assistance du tuteur à la substitution. Au premier abord on est surpris de la différence du délai que la loi accorde pour le remploi des deniers trouvés dans la succession , et celui des deniers provenant des remboursements des effets actifs qui ont lieu pendant la jouissance du grevé. Cependant on s'en rend facilement compte si on pense que dans le premier cas le grevé n'a pas pu prévoir qu'il allait avoir à disposer d'une certaine somme , et qu'il n'a pas dû s'occuper à chercher un placement ; tandis que dans le second cas , il a vu venir le remboursement des effets actifs , et, par conséquent , il a eu le temps de s'occuper d'avance de trouver un placement sûr pour en opérer le remploi.

Voilà les mesures que le législateur a crû devoir prescrire pour assurer la conservation des meubles compris dans une substitution: mais dans sa sollicitude il n'a pas oublié les immeubles , et voici par quels moyens il en assure la conservation aux appelés, en même temps qu'il prévient les tiers contre toute surprise qui pourrait provenir pour eux de l'ignorance où ils seraient des droits des appelés. Pour parvenir à ce but, il a ordonné que les actes portant substitution, si ces substitutions comprennent des immeubles , soient transcrits au bureau des hypothèques de la situation desdits immeubles ; s'il y a des deniers comptants, la substitution est assez rendue publique relativement à ces deniers, par l'inscription prise sur les biens affectés au privilége résultant de l'emploi qui en a été fait. Ces transcriptions et inscriptions sont faites à la diligence soit du grevé, soit du tuteur à la substitution. La transcription et l'inscription dont nous venons de parler, ne peuvent être suppléées par aucun acte. Les créanciers ou tiers-acquéreurs peuvent toujours opposer aux appelés, même aux mineurs et aux interdits, le défaut de la transcription ou de l'inscription , sauf le recours des appelés contre le grevé et le tuteur à la substitution , mais sans qu'ils puissent être restitués contre le défaut de transcription, et quand même le tuteur et le grevé se trouveraient insolvables. Cependant, les donataires, légataires ou héritiers légitimes de celui qui a fait la disposition , ne peuvent jamais opposer aux appelés le défaut de transcription ou d'inscription, non plus que leurs donataires, légataires ou héritiers légitimes.

Des partages faits par père, mère ou autres ascendants entre leurs descendants.

En autorisant les pères de famille à partager leurs biens entre leurs enfants, la loi a voulu mettre entre leurs mains un moyen de prévenir les discordes et les haines, qui pourraient résulter de la diversité de leurs intérêts et des contestations auxquelles cette diversité d'intérêt pourrait donner naissance. Mais une grave question se présente : c'est celle de savoir si les ascendants ont seuls le droit de faire le partage de leurs biens entre leurs héritiers présomptifs. L'article 1075 ne mentionne que les ascendants; mais il n'est pas conçu en termes restrictifs, et nous pensons que tous autres que des ascendants peuvent user de cette faculté. En effet, on conclut, *a fortiori*, de ce qu'elle est accordée à l'égard des héritiers à réserve, qu'elle doit l'être vis-à-vis de ceux qui pourraient être complétement dépouillés de la succession du disposant, les partages sont soumis à toutes les règles et formalités des donations et testaments, s'ils ne peuvent avoir pour objet que des biens présents. Mais le disposant a le droit de régler les lots comme il lui convient, pourvu toutefois qu'il ne blesse pas les droits de ses descendants en favorisant certains d'entre eux au détriment des autres; il doit faire en sorte que le lot de celui qu'il favorise le plus, ne dépasse pas sa réserve plus la quotité disponible. Si tous les biens du disposant ne sont pas compris dans le partage entrevifs, ce partage en sera pas nul pour cela; seulement, à son décès, ses héritiers se diviseront le surplus suivant les formalités du partage ordinaire. Mais il n'en est pas de même, si au lieu d'une partie des biens c'est un des enfants qui n'a pas été compris dans le partage; alors ce partage est nul pour le tout. L'enfant prétérit, ou même ceux entre lesquels le partage a été fait, peuvent provoquer un nouveau partage. Mais ici on se demande si le partage ayant été fait par un autre qu'un ascendant, entre les héritiers présomptifs, non réservataires, la prétérition de l'un de ces héritiers amènera la nullité du partage. Nous ne pensons pas que cette question puisse être résolue absolument, et nous admettons la distinction suivante présentée par des auteurs recommandables : Si le disposant a commis sciemment et volontairement cette prétérition, le partage devra être maintenu; il sera nul, si elle a été involontaire.

Si le partage a été fait par testament, et que l'un des colégataires vienne à décéder avant le testateur, sa part sera dévolue aux autres par droit d'accroissement; mais il n'en sera pas ainsi si le partage avait eu lieu par donation entre-vifs; alors la part du donataire décédé passera à ses propres héritiers. La raison de cette différence est assez palpable; nous nous abstiendrons de la développer. L'article 1079 autorise le donataire ou légataire lésé de plus du quart, à attaquer le partage qui préjudicie à ses droits. Il fallait déterminer une limite qui, tout en garantissant autant que possible l'égalité qui doit régner dans les partages, ne permît pas de les faire annuler pour la plus petite inégalité. Le partage pourra aussi être attaqué dans le cas où le disposant aurait gratifié un des donataires ou légataires d'une portion plus considérable que la quotité disponible. Les droits des héritiers à réserve sont sacrés, et il ne peut pas dépendre d'un ascendant de favoriser au-delà des limites posées par la loi, un de ses descendants au préjudice des autres. Relativement au cas où le partage est fait par un autre que par un ascendant, la lésion seule de plus du quart peut être une cause de rescision du partage; nous pensons même qu'on doit admettre ici la même distinction que nous avons déjà faite dans le cas de prétérition d'un des héritiers présomptifs : si le disposant a volontairement établi une inégalité dans les lots des copartageants, l'un d'eux se trouverait-il lésé de plus du quart, il ne sera pas admis à attaquer le partage, car il pourrait en être exclu pour le tout; si, au contraire, il est prouvé que l'intention du disposant était de faire un partage égal entre ses héritiers, l'action en rescision pour cause de lésion devra être admise. Dans les cas où l'action en rescision sera admissible, le délai pour l'intenter sera de dix ans, à dater du jour où l'acte aura produit son effet.

Des Donations faites par contrat de mariage aux Époux, et aux Enfants
à naître du mariage.

La loi entoure d'une grande faveur les conventions matrimoniales ;
par suite de cette faveur, les donations faites par des tiers aux époux,
ou par les époux entre eux, ne sont pas assujetties à des conditions
et à des formalités aussi rigoureuses que les donations ordinaires.
Nous allons exposer brièvement les règles qui leur sont particulières.
Occupons-nous d'abord des donations faites aux époux par des tiers
dans leur contrat de mariage.

Leurs principales différences avec les donations ordinaires, consis-
tent en ce que 1° Elles ne peuvent être annulées par défaut d'acceptation ; 2° Elles sont caduques si le mariage ne s'en suit pas; 3° Elles ne
sont point révocables pour cause d'ingratitude. Ces deux dernières différences s'appliquent, à notre avis, à toute donation faite en faveur du
mariage, quand même elle ne serait pas faite dans ce contrat. 4° Elles
peuvent être faites sous condition potestative ; ainsi le donateur peut se
réserver la faculté de disposer d'une partie ou d'un accessoire de la
chose donnée, laquelle partie ou lequel accessoire se trouvent compris
dans la donation, si le donateur n'use pas de la faculté qu'il s'est ré-
servée (1086). 5° Enfin, elles peuvent comprendre les biens présents
et à venir du donateur, ou les biens présents seulement, ou même
les biens à venir seulement.

Lorsque le donateur dispose en faveur des époux ou de l'un d'eux
des biens qu'il laissera à son décès, cette donation est valable
même à l'égard des enfants issus du mariage, si l'époux donataire vient à décéder avant le donateur. Si la donation de biens à venir est universelle ou à titre universel, elle est appelée une institution
contractuelle. Elle est irrévocable de la part du donateur, en ce sens
qu'il ne peut plus disposer à titre gratuit des objets compris dans la
donation, sauf quelques dons modiques à titre de récompense ou autrement. Mais le donataire est tenu de payer les dettes et charges de

la succession du donateur, en proportion de la part pour laquelle il est institué, parce qu'il n'est donataire que des biens qui existeront au jour du décès, et qu'on ne peut pas comprendre dans les biens, le montant des dettes du testateur, *bona non intelliguntur nisi deducto ære alieno.*

D'après l'article 1084, si la donation universelle ou à titre universel, est tout à la fois des biens présents et à venir, il doit être annexé à l'acte un état des dettes et charges du donateur, existantes à l'époque de la donation. Si cette formalité a été remplie, l'acte est censé contenir deux donations distinctes : celle des biens présents, qui est certaine et irrévocable au moment de l'acte, à la charge pour le donataire de payer les dettes et charges du donateur qui existent à cette époque ; et l'autre des biens à venir, à la charge de payer les dettes et charges de la succession, et à laquelle, par conséquent, le donataire peut renoncer. Mais si l'état dont il s'agit n'a pas été annexé, l'acte ne contient qu'une seule donation, et l'acceptation ou la répudiation du donataire s'appliquera tant aux biens à venir qu'aux biens présents.

L'article 1090 termine le chapitre relatif aux donations faites aux époux par des tiers, en consacrant le droit des héritiers à réserve du donateur ou testateur. En effet, quelle que soit la faveur dont la loi environne les conventions matrimoniales, cette faveur ne doit pas aller jusqu'à méconnaître des droits sacrés dont elle est la source.

Des Dispositions entre Époux.

On distingue deux sortes de libéralités entre époux : celles qui sont faites par contrat de mariage, et celles qui sont faites pendant le mariage. Nous parcourrons rapidement les règles spéciales à ces deux espèces de donations ; mais avant, nous allons exposer celles qui leur sont communes.

La première de ces règles est que ces donations ne sont pas révocables pour cause de survenance d'enfant : en effet, on ne peut pas dire que le donateur croyait qu'il n'en aurait pas, car on ne se marie ordinairement que pour en avoir; cependant nous pensons qu'il résulte de l'esprit de la loi, si non de sa lettre, que si un homme a fait en se mariant donation de ses biens présents à sa femme, sans stipulation de retour, et si sa femme vient à mourir sans enfants, la donation sera révoquée si l'époux veuf a des enfants d'un second mariage. L'article 1094 contient la seconde règle commune aux donations entre époux faites par contrat de mariage, et à celles qui sont faites pendant le mariage. Cet article est ainsi conçu : « L'époux pourra, par contrat de mariage, soit pendant le mariage, pour le cas où il ne laisserait point d'enfants ni descendants, disposer en faveur de l'autre époux, en propriété de tout ce dont il pourrait disposer en faveur d'un étranger, et en outre de l'usufruit de la totalité de la portion dont la loi prohibe la disposition à l'égard d'un étranger. Si l'époux donateur a des enfants, il pourra donner à l'autre époux la propriété du quart de ses biens et l'usufruit d'un autre quart, ou la moitié de tous ses biens en usufruit seulement.»

D'après l'article 1098 s'il existe des enfants ou descendants d'un mariage précédent, on ne peut donner à son nouvel époux qu'une part d'enfant légitime le moins prenant, sans néanmoins que dans aucun cas, cette donation puisse excéder le quart des biens. Pour empêcher qu'on élude les dispositions qui précèdent, la loi, article 1099, prohibe toute donation faite par personnes interposées, et déclare personnes interposées : les enfants et descendants de l'époux donataire issus d'un mariage précédent, et en second lieu les parents dont cet époux était héritier présomptif au jour de la donation, quand même par le fait il n'en aurait pas hérité. Les auteurs ce sont divisés sur la question de savoir si les donations faites dans les cas prévus par l'article 1099, sont absolument nulles, ou si elles sont simplement réduicibles à la portion disponible : les termes de l'article 1099 nous paraissent trop explicites pour pouvoir admettre une modification ; nous pensons donc que les donations indirectes, c'est-à-dire les gratifications résultant ouvertement d'un acte autre qu'une donation, seraient seulement réduicibles à la portion disponible, tandis que les donations déguisées ou faites par personnes interposées seront toujours nulles.

Nous venons de voir quelles sont les règles communes aux donations entre époux faites par contrat de mariage ou pendant le mariage ; parcourons celles qui sont spéciales à chacune d'elles. Nous remarquerons d'abord, que d'après l'article 1091 les époux peuvent, par contrat de mariage, se faire, ou réciproquement, ou l'un des deux à l'autre, toutes les donations qu'ils jugent a propos ; elles sont soumises aux même formes que celles qui sont faites par des tiers dans le contrat de mariage ; elles différent cependant de celles-ci, en ce que, d'après l'article 1093, la donation de biens à venir ou de biens présents et à venir faite entre époux par contrat de mariage, est soumise à la condition de survie de l'époux donataire et n'est pas transmissible aux enfants issus du mariage, en cas de décès de l'époux donataire avant le donateur. Quant à la donation des biens présents, elle n'est soumise à la condition de survie que quand cette condition y est formellement exprimée : elle est actuelle de son essence.

Les donations faites entre époux pendant le mariage, sont en principe toujours révocables, par le seul changement de volonté du donateur : la femme n'a besoin d'aucune autorisation pour révoquer une pareille donation qu'elle a faite à son mari. On comprend le motif qui à dicté au législateur cette disposition qui porte une si grave atteinte au principe de l'irrévocabilité des donations. Il importait de prévenir les abus d'une trop grande facilité, en même temps que les dissensions domestiques qui auraient pu résulter d'un refus fait par un des conjoints de disposer de ses biens en faveur de l'autre. C'est aussi parceque ces sortes de donations sont essentiellement révocables, et pour éviter les discussions qui pourraient s'élever dans le cas de révocation de l'une des parties, qu'aucune disposition mutuelle entre époux ne peut avoir lieu par un seul et même acte.

CODE DE PROCÉDURE.

Livre III. — Titre UNIQUE.

Des Arbitrages,

Le droit de soumettre les contestations qui s'élèvent entre les hommes, à des juges de leur choix, est un droit naturel, dont on retrouve l'exercice dans toutes les sociétés. De tout temps et dans tous les peuples, les anciens et les sages furent appelés à terminer les différends par leurs conseils et leurs avis, et pendant bien longtemps les oracles furent pris pour arbitres dans les litiges qui s'élevaient chez les peuples de l'Italie et de la Grèce.

Nos lois favorisent cette manière de vider les contestations, qui réunit le double avantage d'éviter les lenteurs et les formes de la procédure ordinaire, ainsi que les frais ordinairement considérables qu'elles nécessitent, et même dans les matières commerciales elles la rendent obligatoire. C'est ce qui constitue l'*arbitrage forcé*. Nous n'avons à nous occuper ici que de l'arbitrage volontaire applicable aux matières civiles, et dont les règles sont contenues dans le code de procédure civile.

La convention par laquelle on soumet la décision d'une question à des arbitres, se nomme *compromis*. Ce mot-là exprime aussi souvent l'acte qui contient cette décision.

Obligés de nous restreindre dans le cadre étroit d'une thèse, nous allons rapidement examiner : 1° Quelles personnes peuvent compromettre , et quelles affaires peuvent être l'objet d'un compromis ; 2° La forme du compromis ; 3° La manière dont il prend fin , et les cas où il est suspendu ; 4° Quelles personnes peuvent être nommées arbitres ; 5° La manière dont l'affaire doit être instruite et jugée par les arbitres ; 6° Les règles spéciales aux tiers-arbitres ; 7° Les voies d'exécution de leurs sentences ; 8° Enfin les voies de recours ouvertes contre elles.

SECTION I.

Quelles personnes peuvent compromettre, et quelles affaires , etc.

L'article 1003 du code de procédure civile règle la première partie de notre question , quand il dit : « Toutes personnes peuvent compromettre sur les droits dont elles ont la libre disposition. » Ainsi , il ne suffit pas pour qu'on puisse laisser à des arbitres le jugement d'une question, de pouvoir disposer de l'objet qui est en litige ; mais il faut de plus pouvoir en disposer *librement*. Ainsi , le tuteur ne peut compromettre relativement aux biens de son pupille , même avec l'autorisation du conseil de famille homologuée par le tribunal civil : car du moment que cette autorisation intervient, c'est une preuve qu'il n'a pas la libre disposition exigée par l'article 1003. Il en est de même de la femme , même autorisée par son mari , quand il s'agit de la dot , et qu'elle est mariée sous le régime dotal. Nous citerions encore , comme ne pouvant compromettre, les curateurs chargés de la gestion des biens d'un absent, ou les envoyés en possession provisoire , les héritiers bénéficiaires, les syndics d'une faillite.

On a longtemps agité la question de savoir si la femme séparée de biens, le mineur émancipé, le prodigue, peuvent compromettre sur les biens dont ils ont la libre disposition. En principe, on ne peut compromettre que sur des affaires *privées* , dans le sens le plus restreint de ce mot , c'est-à-dire qui n'intéressent en rien l'ordre public et les bonnes mœurs. Nous pensons que cette considération doit faire résoudre la question négativement. La société est en effet intéressée a garantir les droits des femmes, des mineurs et des prodigues contre leur propre faiblesse ; par conséquent, les affaires qui les concernent doivent être communiquées au ministère public, et ceci admis, il n'y a plus de doute sur la question, car l'article 1004 défend expressément de compromettre sur les affaires sujettes à communication au ministère public. Hors ces exceptions, tout le monde peut compromettre. Le compromis étant de droit naturel, les étrangers, et même le mort civilement, peuvent compromettre.

Nous avons posé en principe qu'on ne peut compromettre sur les affaires qui concernent, le moins du monde, l'ordre public et les bonnes mœurs. De là il résulte qu'on ne peut compromettre sur les dons et legs d'aliments, logements, vêtements, sur les séparations de mari et femme tant de biens que de corps, sur les questions d'État ; et enfin, comme nous l'avons déjà dit, sur les questions sujettes à communication au ministère public. Toutefois, l'article 1010 semble faire exception à cette disposition. En effet, la requête civile doit toujours être communiquée, et cet article suppose un jugement arbitral rendu sur requête civile. Il faut admettre que l'article 1010 ne s'applique pas au rescindant qui seul est d'ordre public ; mais que le rescisoire n'intéressant pas la société, peut être soumis à des arbitres.

SECTION II.

Forme du compromis.

D'après l'article 1005, le compromis peut être fait par procès-verbal devant les arbitres choisis, ou par acte devant notaire, ou sous signature privée. S'il est fait par procès-verbal devant les arbitres, il sera bon qu'il soit signé des parties, ou qu'il contienne mention qu'elles n'ont pu ou su signer. S'il est fait par acte sous seing privé, il devra y avoir autant d'originaux qu'il y a de parties ayant un intérêt séparé (Art. 1325 C. civ.). Toutefois, si tous ces originaux n'existaient pas, la nullité qui en résulterait pourrait être couverte par l'exécution des parties.

L'article 1006 exige que le compromis contienne les noms des arbitres choisis, et la désignation des objets en litige. La raison de cette disposition est trop évidente, pour que nous croyons qu'il soit nécessaire de l'expliquer; elle se trouve dans le but même du compromis, et on ne concevrait pas un acte de cette nature qui ne contiendrait pas ces deux indications. Aussi sont-elles prescrites, à peine de nullité.

Le compromis peut ne pas fixer le délai dans lequel les arbitres devront remplir leur mission. Dans ce cas, les parties sont censées adopter le délai fixé par la loi, c'est-à-dire trois mois (1007). Le choix d'un tiers-arbitre, dans le cas où les deux premiers choisis ne pourraient s'accorder, peut encore être fait dans le compromis. Les parties peuvent aussi laisser ce choix aux arbitres, et les autoriser à procéder comme amiables compositeurs, c'est-à-dire selon les règles de l'équité, sans s'astreindre aux règles du droit ni aux formes de la procédure.

SECTION III.

Comment finit le compromis, et dans quel cas il est suspendu.

Il n'est rien de si naturel, dit un vieil adage, que de défaire une chose par les mêmes moyens qu'on a employés pour la faire; or, le compromis se forme par le consentement des parties en litige; par conséquent, il finira par le même consentement, bien entendu que toutes celles dont le consentement a été nécessaire pour le former, doivent concourir à son extinction. De plus, il finit, article 1012, « par le décès, refus, déport, empêchement d'un des arbitres, s'il n'y a clause qu'il sera passé outre, ou que le remplacement sera au choix des parties, ou au choix de l'arbitre, ou des arbitres restants. Il finit encore par l'expiration du délai stipulé, ou de celui de trois mois s'il n'en a pas été réglé. Enfin, par le partage, si les arbitres n'ont pas le pouvoir de prendre un tiers-arbitre. » L'article 1013 dispose que le décès d'une des parties ne met pas fin au compromis si tous les héritiers sont majeurs. On déduit de là que, dans le cas contraire, c'est-à-dire si les héritiers sont mineurs ou s'il y a des mineurs parmi eux, le compromis prend fin. Dans le cas où tous les héritiers sont majeurs, le délai du compromis est suspendu pendant celui pour faire inventaire et délibérer. D'autres causes peuvent aussi amener la suspension du délai du compromis. Ainsi, lorsque dans le cours de l'instruction, il s'élève des incidents qui sortent de la compétence des arbitres, le délai est alors suspendu, et ne reprend son cours que lorsque l'incident est vidé par les tribunaux.

SECTION IV.

Quelles personnes peuvent être nommées arbitres.

Sur cette question, la loi est muette, et la jurisprudence excessivement flottante. Selon que l'on considère le droit d'être arbitre, comme un droit civil ou comme un droit politique, on l'accorde ou on le refuse aux mineurs, aux femmes, aux étrangers. Quant à nous, nous pensons qu'il n'est pas nécessaire de jouir des droits politiques pour pouvoir être nommé arbitre, et, qu'en conséquence les mineurs et même les étrangers peuvent être nommés arbitres. D'ailleurs, le mineur et l'étranger peuvent souvent être les seuls propres à terminer certaines contestations, tant à cause de la confiance qu'ils inspirent aux parties, que parce qu'ils ont des connaissances particulières dans la question dont il s'agit, et on doit, autant que possible, favoriser les jugements par arbitres.

SECTION V.

Comment l'affaire doit être instruite et jugée.

L'instruction se fait brièvement et simplement ; en principe les arbitres peuvent user de tous modes de preuves ; pourvu qu'ils puissent s'éclairer et se convaincre, et prononcer une sentence consciencieuse et raisonnée, ils ont rempli leur mission : cependant l'article 1009 les soumet aux formes de procédure usitées dans les tribunaux, si les parties n'en sont autrement convenues. Chaque partie est obligée de produire ses pièces quinze jours au moins avant l'expiration du compromis ; passé ce délai, les arbitres sont tenus de juger sur ce qui a été produit. Le jugement n'est pas environné des solennités extérieures, *strepitus judicii*, mais les formes internes et la délibération en commun doivent être religieusement observées. Le jugement doit être signé de tous les arbitres ; si la minorité refusait de signer, la majorité doit en faire mention et le jugement aura le même effet.

SECTION VI.

Des règles spéciales aux tiers arbitres.

Lorsque les tiers arbitres ne sont pas nommés dans le compromis, si le choix en est laissé aux arbitres, ils doivent être nommés par eux, et dans l'acte même qui constatera le partage. Si les arbitres ne peuvent s'accorder entr'eux sur le choix du tiers arbitre, ils le déclareront par procès-verbal ; alors le tiers sera choisi par le président du tribunal qui doit ordonner l'exécution de la sentence arbitrale. La partie la plus diligente présentera requête à cet effet. Les arbitres divisés, sont cependant tenus de rédiger leur avis distinct et motivé, soit dans le même procès-verbal soit dans deux procès-verbaux séparés. Le tiers arbitre n'a qu'un mois pour prononcer sa décision, à moins que ce délai ne soit prolongé par l'acte de nomination : il devra consulter les arbitres réunis à cet effet, et prononcera seul, si tous ne se réunissent pas ; néanmoins, il sera tenu de se conformer à l'un des avis des autres arbitres. Si les parties ne les ont pas autorisés formellement à procéder comme amiables compositeurs, les arbitres et les tiers arbitres devront suivre les règles de droit.

SECTION VII.

Voies d'Exécution des sentences arbitrales.

Les voies d'exécution des jugement arbitraux sont indiquées dans les articles 1020, 1021 du code de procédure.

Le premier porte que : « Le jugement arbitral sera rendu exécutoire par une ordonnance du président du tribunal de première instance dans le ressort duquel il a été rendu ; à cet effet, la minute du jugement sera déposée au greffe dans les trois jours par l'un des arbitres. S'il avait été compromis sur l'appel d'un jugement, la décision arbitrale sera déposée au greffe de la cour royale, et l'ordonnance rendue par le président de cette cour. Le refus ou la concession de l'ordonnance peuvent être attaqués devant le tribunal, non quant au fonds de la question, mais en argumentant par ex. que le jugement arbitral est contraire à l'ordre public. Cette ordonnance porte le nom d'ordonnance d'*exequatur*. Elle est rigoureusement nécessaire pour donner quelque force à la décision des arbitres, et rien ne peut la suppléer.

SECTION VIII.

Voies de Recours.

Les voies de recours contre les sentences arbitrales sont de deux sortes : ordinaires et extraordinaires. Ici on n'admet qu'une voie ordinaire : c'est l'appel. L'opposition n'est pas admise. Les voies extraordinaires sont la requête civile et la prise à partie. Le recours en cassation n'est jamais admis directement contre les décisions des arbitres volontaires. Nous pensons même que quelquefois une partie peut faire tomber une sentence qui la condamne en employant le désaveu contre le mandataire qui l'aurait représentée dans le litige.

De l'Appel. — L'article 1023 est ainsi conçu : l'appel des jugements arbitraux sera porté, savoir : devant les tribunaux de première instances pour les matières qui, soit en premier soit en dernier ressort, eussent été de la compétence des juges de paix, et devant les cours royales, pour les matières qui, soit en premier soit en dernier ressort, eussent été de la compétence des tribunaux de première instance. Les parties peuvent renoncer à l'appel, soit dans le compromis, soit depuis. L'appel n'a pas lieu, quand l'arbitrage a été fait sur appel ou sur requête civile. On est censé avoir renoncé à l'appel quand on a autorisé les arbitres à juger comme amiables compositeurs. Les règles générales de l'appel sont applicables aux arbitrages.

De la requête civile. — « La requête civile, dit l'article 1026, pourra être prise contre les jugements arbitraux, dans les délais, formes et cas désignés pour les jugements des tribunaux ordinaires ; elle sera portée devant le tribunal qui eût été compétent pour connaître de l'appel. » On peut renoncer à la requête civile, on est censé alors avoir renoncé aux formes de la procédure, mais non à un recours contre la fraude. Dans ce cas-ci, la convention est comme non avenue.

De la prise à partie et du désaveu. — Les arbitres étant des juges, peuvent être pris à partie pour les mêmes causes pour lesquelles les juges ordinaires peuvent l'être eux-mêmes. On comprend l'action en désaveu d'un mandataire parmi les voies de recours, parce que son admission annule la sentence arbitrale. Il existe une dernière voie de recours que nous avons déjà mentionnée ; c'est l'opposition à l'ordonnance d'*exequatur*, devant le tribunal de première instance ou la cour royale, selon les circonstances, dans les cas suivants : si le jugement a été rendu sans compromis ou hors des termes du compromis ; s'il a été, sur compromis, nul ou expiré ; s'il n'a été rendu que par quelques arbitres, non autorisés à juger, en l'absence des autres ; s'il l'a été par un tiers, sans avoir conféré avec les autres arbitres ; s'il a été prononcé sur des choses non demandées. Si ces cas se trouvent vérifiés, le jugement arbitral devra être annulé par le tribunal.

DROIT ADMINISTRATIF.

Instruction Administrative.

1. *Des constitutions d'Avocat et des Défenses.*

Tribunaux de premier degré. — Un avis du 5 février 1826, prohibe la défense orale devant les conseils de préfecture ; il en est de même devant les préfets et les ministres, à la barre desquels les parties ne sont pas même représentées par un officier ministériel. Toutefois, les avocats aux conseils du roi et à la cour de cassation, sont quelquefois admis à présenter des observations orales sur les causes qui leur sont confiées, devant le conseil de préfecture et le préfet de la seine, ou devant les ministres ; mais cet usage n'est maintenu que par exception : et en principe, dans les causes soumises aux tribunaux de premier degré, les défenses ont lieu par un mémoire signé de la partie ou d'un fondé de pouvoir muni d'une procuration spéciale, et déposé à la préfecture. Il serait à désirer que la justice fût rendue par ces tribunaux comme par les tribunaux ordinaires, c'est-à-dire après une plaidoirie présentée par des avocats représentant les parties en litige : la lumière jaillit le plus souvent de la discussion, et les consciences des juges seraient bien mieux éclairées.

Tribunal de deuxième degré. — En matière administrative, le conseil d'État est le tribunal de second degré. C'est à lui qu'est attribué le soin de réformer les décisions des préfets, des conseils de préfecture et des ministre, quand ces décisions ne sont pas en dernier ressort. Ici nous trouvons la discussion plus libre : Les juges ont en leur pouvoir des moyens de s'éclairer complétement, et de rendre des décisions en toute connaissance de cause. D'après l'article 33 du décret du 11 juin 1806, les parties doivent constituer un avocat ou conseil. Ces officiers ministériels, institués exclusivement pour le conseil d'État et la cour de cassation, ont seuls le droit de signer les mémoires et les requêtes des parties, en matière contentieuse de toute nature. Ils remplissent à la fois les fonctions d'avoués et celles d'avocats. Leur signature donne à l'acte qui en est revêtu, un caractère légal d'authenticité. A eux seuls appartient le droit de faire tous actes contentieux : ils sont de plus soumis à un réglement qui se trouve renfermé dans les articles 45, 46 et 47 du décret du 22 juillet 1806. L'article 49 du même décret établit que dans le cas de contravention aux réglements, et notamment s'ils présentent comme contentieuses des affaires qui ne le sont pas, ou s'ils portent devant le conseil d'État, des affaires qui sont de la compétence d'une autre juridiction, ils sont passibles de certaines peines : l'amende d'abord, et dans certains cas, la récidive, par exemple, la suspension. La signature de l'avocat au pied de la requête, soit en demande soit en défense, vaut constitution et élection de domicile chez lui. Les parties ont donc leur domicile chez leur avocat, et c'est chez lui que doivent être signifiées toutes les pièces et défenses de la partie adverse. La règle est la même pour les départements et les établissements publics que pour les particuliers. Le délai dans lequel les parties sont tenues de fournir leurs défenses, est fixé par l'article 4 du décret de 1806 ; il est de quinze jours si leur demeure est à Paris, ou n'en est pas éloignée de plus de cinq myriamètres ; d'un mois, si elles demeurent à une distance plus éloignée, dans le ressort de la cour royale de Paris, ou dans celui des cours royales d'Orléans, Rouen, Amiens, Douai, Nancy, Metz, Dijon et Bourges. Le délai est de deux mois, dans le ressort des autres cours royales de France, et à l'égard des colonies, le délai est fixé par l'ordonnance de *soit communiqué*. Les délais commencent à courir à dater du jour de la signification de la requête, à personne ou à domicile, par un huissier. Dans les matières urgentes, les délais pourront être abrégés par le grand juge. A l'expiration des délais, il est passé outre au rapport.

L'article 6 du réglement dispose : « Le demandeur pourra, dans la quinzaine après les défenses fournies, donner une deuxième requête, et le défendeur répondra dans la quinzaine suivante. Il ne pourra y avoir plus de deux requêtes de la part de chaque partie, y compris la requête introductive. »

Les mémoires sont imprimés aux frais des parties, et les écritures signifiées aux avocats, doivent être sur papier timbré. Les pièces produites ne sont point sujettes au droit d'enregistrement, à l'exception des exploits d'huissier pour chacun desquels il est perçu un droit fixe d'un franc. Néanmoins, les pièces produites au conseil d'État ne sont point dispensées de l'enregistrement, relativement à l'usage qu'on pourrait en faire ailleurs.

Toutes défenses et productions sont déposées au secrétariat ; il y a un maître des requêtes, secrétaire-général et un greffier, attachés au conseil d'État, qui enregistrent toutes les pièces sur le grand livre ; le greffier donne un avis particulier à l'avocat, pour constater chaque phase de la procédure. Nous n'avons pas besoin de faire ressortir l'excellence de ce système.

De la Communication au Ministère Public.

Le ministère public a été institué pour surveiller les intérêts généraux de la société ; cette magistrature si utile, devrait s'agrandir et se développer, et recevoir une extension beaucoup plus considérable. Ne serait-il pas, en effet, à désirer qu'elle fût établie auprès des tribunaux de commerce et en matière administrative, auprès des conseils de préfecture ? Quant aux préfets et aux ministres, il serait difficile d'établir auprès d'eux un organe du ministère public.

Mais devant le conseil d'État, le ministère public est régulièrement organisé, après toutefois diverses modifications, et divers degrès qu'à subis sa constitution. Voici en effet ce que porte l'ordonnance du 12 mars 1831 art. 2 : « Au commencement de *chaque trimestre* notre ministre, président du conseil d'État, désignera, trois maîtres des requêtes, qui exerceront les fonctions de ministère public. Dans chaque affaire, l'un d'eux devra être entendu ; il prendra à cet effet communication du dossier : « cette ordonnance reçut une première modification, de celle du 1839, dont l'article 28 est ainsi conçu : « Trois maîtres des requêtes en service ordinaire, sont désignés *tous les six mois*, pour remplir les fonctions de commissaires du roi dans les affaires contentieuses, ils assistent aux séances du comité du contentieux ». Enfin la loi du 19 juillet 1845, est venue règler la constitution actuelle, dans son article 20 qui dit : « Trois maîtres des requêtes désignés *chaque année*, par le garde des sceaux remplissent les fonctions de commissaires du roi ». Comme la plupart des innovations, celle-ci s'établit par degrès, cependant on n'a pas encore osé former un ministère public permanent. On craint que la création d'un procureur général près le conseil d'État, ne donne à ce tribunal administratif une trop grande puissance judiciaire.

Délibérés et instructions par écrit.

En matière administrative, l'instruction par écrit, est le véritable mode d'instruction ; en l'absence de la plaidoirie devant les tribunaux de premier degré, elle est le seul moyen que les juges aient pour éclairer leur religion et baser leurs décisions ; devant le conseil d'État, elle donne plus de force et de consistance aux dires des parties et de leurs avocats. L'instruction par écrit se fait administrativement devant les tribunaux de premier degré, c'est-à-dire au moyen de mémoires remis par les parties au préfet, et revêtus de leur signature ou de celle d'un fondé de pouvoir. Quant au conseil d'État, voici ce que dispose la loi du 19 juillet 1845 art. 18 : « Indépendamment des comités établis en vertu de l'article 13 (les comités correspondant aux divers ministères), un comité spécial est chargé de diriger l'instruction écrite, et de préparer le rapport de toutes les affaires contentieuses. Ce comité est présidé par le vice-président du conseil d'État, et se compose de cinq conseillers d'État en service ordinaire, y compris le vice-président, de six maîtres des requêtes en service ordinaire et de 12 auditeurs. Les questions posées par le rapport, seront communiquées aux avocats des parties avant la séance publique ».

Autrefois ce comité pouvait rejetter les affaires qui lui paraissaient non contentieuses ; on n'a pas tardé à s'apercevoir qu'ils sortait de ses attributions : en effet il exerçait ainsi un acte de la puissance *judiciaire*, tandis qu'il n'avait d'autre pouvoir que celui de *préparer* l'instruction. Le comité doit même s'abtenir de faire connaître son opinion sur l'affaire, il doit se borner exclusivement à recueillir les dires des parties, les preuves qu'elles fournissent à l'appui, enfin disposer la cause de manière à éclairer les juges, et les mettre en état de se former une conviction d'après les faits de la cause.

DROIT COMMERCIAL.

FAILLITES ET BANQUEROUTES.

Des différentes espèces de créanciers, et de leurs droits en cas de Faillite.

Lorsqu'un commerçant tombe en faillite, tous ses biens deviennent le gage commun de ses créanciers; mais leurs droits sont différents, selon que ces créanciers sont chiographaires, hypothécaires ou privilégiés, selon que leurs créances sont susceptibles de faveur ou entachées de suspicion.

Ce sont ces droits divers qu'il importe de bien établir, de bien distinguer, afin d'éviter une confusion qui pourait amener des résultats contraires à l'équité ou à la loi. Mais avant de s'occuper du mode d'exercice et de l'étendue des droits de chacun de ces créanciers, le législateur règle une position qui peut leur être commune à tous; c'est celle du créancier qui a plusieurs coobligés solidaires. Nous allons exposer, dans une première section, les dispositions de la la loi à cet égard.

SECTION I.

Des Coobligès et des Cautions.

D'après ce qui précède, la question que nous avons à examiner, est celle de savoir comment un créancier qui a plusieurs codébiteurs, qui ont tous été déclarés en faillite, pourra se présenter dans les diverses masses pour parvenir au paiement de sa créance.

Cette question a été résolue par les auteurs, de plusieurs manières. Dans nos réponses orales, nous exposerons, s'il le faut, les divers systèmes proposés par eux; mais nous nous abstiendrons de les énumérer ici, avec d'autant plus de raison, que la loi de 1838 est venue donner à la question une solution équitable, et garantir les droits des créanciers. L'article 542 de cette loi porte : « Le créancier porteur d'engagements souscrits, endossés, ou garantis solidairement par le failli et d'autres coobligés qui sont en faillite, participera aux distributions dans toutes les masses, et y figurera pour la valeur nominale de son titre, jusqu'à parfait paiement. » Appliquons cette règle à un exemple, pour nous la rendre plus sensible : Un créancier d'une somme de 18,00 fr. a quatre coobligés solidaires, tous en faillite. La première masse donne 50 pour cent; la seconde, 33; la troisième, 25, et la quatrième 15. Le créancier, venant à la première masse pour la totalité de sa créance, recevra................................ 9,000 fr.

D'après l'article 542, il viendra, pour la totalité, dans la deuxième, et recevra.. 5,940

Il viendra encore, pour la totalité, dans la troisième masse, mais comme il ne doit figurer que jusqu'à parfait paiement, il touchera... 3,060

———

au lieu de 4,500, et il ne prendra rien dans la quatrième, car il aura reçu... 18,000

ce qui constitue le parfait paiement de sa créance.

Ces principes sont les seuls qui puissent conduire le créancier au paiment intégral de sa créance. Toutefois le principe de l'art. 542 ne devra recevoir son application que lorsqu'il y aura solidarité proprement dite. Mais si les coobligés ne sont pas solidaires, s'ils sont seulement tenus conjointement; dans ce cas, le créancier ne pourra agir contre chaque masse, que pour une portion de sa créance proportionnelle à leur nombre. Ainsi, s'il y a deux masses, il agira contre chacune pour la moitié; s'il y en a trois, pour le tiers, et ainsi de suite. De même, si les cautions ne sont engagées que subsidiairement et non solidairement, le créancier ne figurera dans leurs masses respectives, que déduction faite de ce qu'il aura déjà reçu du débiteur principal ou des cautions précédentes.

Mais si la caution seule vient à tomber en faillite avant l'échéance de la dette, le créancier pourra-t-il se présenter dans la masse du failli? On pourrait induire de l'article 2021 du code civil, une réponse négative à cette question. Toutefois, nous pensons que la faillite de la caution la place dans une position exceptionnelle, et que le créancier, pour ne pas perdre entièrement son gage, pourra intervenir dans la masse, sauf à déposer sa part à la caisse des dépôts et consignations, jusqu'au jour de l'échéance de la dette, pour en être rendu définitivement propriétaire ce jour-là, en cas de non paiement du débiteur principal, ou pour la distribuer aux autres créanciers dans le cas contraire.

L'article 544 du code de commerce porte que : « Si le créancier, porteur d'engagements solidaires entre le failli et d'autres coobligés, a reçu, avant la faillite, un à compte sur sa créance, il ne sera compris dans la masse que sous la déduction de cet à compte, et conservera, pour ce qui lui restera dû, ses droits contre le coobligé ou la caution.

Le coobligé ou la caution qui aura fait le paiement partiel, sera compris dans la même masse pour tout ce qu'il aura payé à la décharge du failli. » La disposition de cet article est en contradiction directe avec celle de l'article 1252 du code civil, qui porte que la subrogation ne peut nuire au créancier qui n'a été payé qu'en partie, et qu'en ce cas le créancier peut exercer ses droits pour ce qui lui reste dû, par préférence à celui dont il n'a reçu qu'un paiement partiel. M. Bravard, qui a vivement insisté pour le maintien de l'article 544, cherche à justifier cette opposition avec le code civil. Nous nous abstiendrons de reproduire ici les raisons que cet auteur donne à l'appui de son opinion; qu'il nous suffise de dire que nous ne pouvons les admettre. A notre avis, l'article 544 établit une dérogation fâcheuse et sans utilité, au principe de l'article 1252 du code civil, et, en réalité, son seul effet est d'obliger le créancier qui n'est pas complètement désintéressé, à se retourner contre la caution qui lui a payé un à compte, et qui est obligée de compléter le paiement, et de rendre ainsi d'une main , au créancier, ce qu'il a pris d'une autre dans la masse.

Mais le résultat de cette disposition de l'article 544, est encore bien plus déplorable quand le coobligé qui a fait le paiement partiel, est lui-même en faillite. Ainsi , supposons que Paul soit créancier de Pierre, pour une somme de 100,000 fr. Jean, caution de Pierre, paye un à compte de 25,000 , puis il tombe en faillite ainsi que Pierre. Supposons que les deux faillites offrent 50 pour cent. Paul viendra à la masse de Pierre pour 75,000, et touchera 37,500; mais viendra-t-il à la deuxième masse pour 37,500 seulement, ou pour la valeur nominale de son titre, moins cependant ce q'il a reçu avant la faillite ; en un mot sera-ce l'article 542 ou l'article 544 qui recevra son application ? Il nous paraît, contrairement à l'opinion de M. Lainé, que l'article 542 étant de droit commun , devra être appliqué de préférence à l'article 544 , dont nous pensons qu'on doit autant que possible restreindre la portée , et que , par conséquent , le créancier viendra à la deuxième masse pour 75,000.

Les coobligés solidaires qui ont payé toute la dette , ou une partie plus considérable que celle pour laquelle ils devraient contribuer, ont un recours contre les autres coobligés; mais il n'en est pas de même pour leurs masses, les unes à l'égard des autres, s'ils sont en faillite. L'article 543 dispose en effet : « Aucun recours pour raison des dividendes payés , n'est ouvert aux faillites des coobligés, les unes contre les autres , si ce n'est lorsque la réunion des dividendes que donneraient les faillites, excéderaient le montant total de la créance en principal et accessoires ; au quel cas cet excédant sera dévolu, suivant l'ordre des engagements à ceux des coobligés qui ont les autres pour garants. La raison de cette différence entre les coobligés non faillis et leurs masses après faillite , se trouve dans ce principe , savoir , que le paiement en dividende égale le paiement de la dette. En effet , lorsqu'une masse a payé son dividende, qu'il soit plus ou moins fort que celui d'une autre, elle a satisfait à son obligation, et il serait injuste que celle qui offre un plus fort dividende eût un recours contre celle qui en présente un de plus petit. Mais, comme d'un autre côté le créancier ne doit pas prendre plus qu'il ne lui est dû, lorsque la masse du débiteur principal aura payé tout son dividende au créancier, et qu'une caution aura payé le complément de la dette, elle aura recours sur les masses des autres cautions pour leur faire supporter leur part contributoire.

D'après l'article 545, le concordat accordé au débiteur principal, ne met pas obstacle à ce que le créancier ait son recours contre ses coobligés. Nous allons maintenant passer en revue les diverses espèces de créanciers, sans nous occuper s'ils ont un seul débiteur ou plusieurs coobligés.

SECTION II.

Du créancier privilégié sur les meubles, ou nanti d'un gage.

Il importe avant de liquider la masse d'une faillite en général, de se débarrasser de créanciers privilégiés, pour n'avoir qu'à s'occuper d'une liquidation uniforme

Le code civil établit deux classes de priviléges : la première, celle des priviléges généraux qui s'appliquent tant aux meubles qu'aux immeubles, et la seconde, celle des priviléges spéciaux dont sont grevés certains meubles ou certains immeubles. Il ne s'élève guère de difficultés relativement aux priviléges qui pourraient grever les biens du failli. D'après l'article 554, les syndics présenteront au juge-commissaire l'état des créanciers se prétendant privilégiés sur les biens meubles, et le juge-commissaire autorisera, s'il y a lieu, le paiement de ces créanciers, sur les premiers deniers rentrés. Si le privilége est contesté, le tribunal prononcera. Cette dernière disposition peut cependant donner naissance à une question importante, savoir : Quel tribunal prononcera? A notre avis, c'est le tribunal qui aurait dû connaître de la contestation si la faillite n'avait pas éclaté; à moins toutefois que le privilége ne fût contesté, en vertu d'un principe dont on ne pourrait pas se prévaloir sans la faillite; comme si, par exemple, on argumentait de ce qu'il aurait été pris dans les dix jours qui ont précédé la déclaration de faillite. Ce serait alors le même tribunal qui aurait déclaré la faillite qui devrait statuer sur la validité du privilége.

Avant la loi de 1838, la jurisprudence flottait sur la question de savoir si on devait maintenir, en cas de faillite, le privilége et le droit de revendication établis en faveur du vendeur d'un objet mobilier, par le § 4 de l'article 2102 du code civil. L'article 550 de cette loi a résolu négativement la question. Une autre question s'était élevée sur le point de savoir si l'on devait comprendre parmi les *gens de service*, mentionnés dans l'article 2101 du code civil, les ouvriers qui ne sont pas loués à l'année et les commis. La loi de 1838, article 549, a décidé la question en accordant un privilége aux ouvriers employés directement par le failli, pour leur salaire pendant le mois qui a précédé la faillite, et aux commis, pour leurs appointements pendant les six mois qui ont précédé la faillite.

Quant aux créanciers gagistes, les articles 546, 547, 548, indiquent comment se règlent leurs droits à l'égard de la masse. Le premier de ces articles dispose qu'ils ne seront inscrits dans la masse que pour mémoire. Cette disposition est modifiée par l'article 548 qui les autorise lorsque le gage n'est pas suffisant pour acquitter leur créance, à venir à contribution pour le surplus dans la masse, comme un créancier ordinaire, bien entendu que si le prix du gage excède la quotité de la dette, l'excédant doit être restitué à la masse.

SECTION III.

Des créanciers hypothécaires ou privilégiés sur les immeubles.

Il est incontestable que le créancier hypothécaire est aussi chirographaire, et que, par conséquent, il peut prendre part avec celui-ci à la répartition du gage commun. Or, cette répartition peut se faire de trois manières différentes : Ou bien le mobilier est liquidé avant les immeubles, que nous supposons grevés d'hypothèques, ou bien les immeubles sont distribués avant les meubles, ou, enfin, la masse mobilière et la masse immobilière sont distribuées en même temps. Voyons quelle sera la position du créancier dans ces trois circonstances. Supposons qu'une créance de 200 fr. soit hypothéquée sur un bien qui, les frais de justice prélevés, ne vaut que 100. Supposons que la masse mobilière soit répartie la première, le créancier vient pour la totalité de sa créance, c'est-à-dire pour 200, et si la masse donne 50 pour cent, il prendra 100, et au moyen des 100 qui restent de la valeur de l'immeuble hypothéqué, sa créance sera acquittée. Si, au contraire, la masse immobilière est distribuée la première, il prendra 100 d'abord, et puis ne venant que pour cent dans la masse immobilière, il perdra 50. Il en serait de même si les deux distributions avaient lieu simultanément. Les articles 552-556 règlent cette matière. Il est à regretter que la position du créancier hypothécaire, dont les droits ne varient pas, soit plus ou moins favorable, selon que les meubles ou les immeubles sont distribués les premiers.

SECTION IV.

Des droits des femmes.

Le mariage place la femme sous la puissance de son mari, à qui elle confie sa personne et ses biens. Elle est incapable de surveiller son administration, par conséquent la loi a dû environner sa position d'une faveur particulière. Aussi le législateur a favorisé les reprises en nature que la femme a à exercer contre son mari ; en second lieu, il lui a accordé une hypothèque sur les biens de son mari ; troisièmement enfin il a donné une grande latitude aux stipulations matrimoniales. Toutefois considérant les nombreuses faillites que les commerçants préparaient de longue main, avec le coupable concours de leurs femmes, pour étaler ensuite un luxe scandaleux, aux dépens de leurs créanciers rendus impuissants par la déclaration de faillite, le législateur de 1807 avait traité sévérement les femmes des commerçants tombés en faillite , et admettait dans toute sa rigueur la *présomption mucienne*, d'après la quelle tout ce qui se trouve dans la maison du mari est censé lui appartenir, sauf la preuve contraire. La loi de 1838 s'est montrée plus favorable à la femme. Cependant elle a conservé la *présomption mucienne* article 559 et 562 : Quant à ses reprises matrimoniales l'article 557 dispose « en cas de faillite du mari, la femme dont les apports en immeubles ne se trouveraient pas mis en communauté, reprendra en nature les dits immeubles, et ceux qui lui seront survenus par succession, ou par donation entre vifs ou testamentaire » . Ainsi il faut que les apports ne soient pas entrés en communauté, parce que les créanciers auraient pû compter sur eux : par la même raison nous pensons que la femme n'aurait pas le droit de reprendre un immeuble ameubli, nonobstant toute stipulation de reprise : l'article 358 l'autorise à reprendre les immeubles acquis par elle et en son nom, des deniers provenant des successions ou donations mentionnées en l'article précédent ; mais d'après l'article 561 cette action en reprise ne sera exercée par les femmes, qu'à la charge des dettes et hypothèques dont les biens sont *légalement* grevés , soit que la femme s'y soit obligée volontairement, soit qu'elle y ait été condamnée. La loi ancienne considérait comme valable , l'aliénation et l'hypothèque des biens dotaux de la femme par son mari commerçant ; c'est pour proscrire une pareille interprétation que la loi nouvelle parle des hypothèques dont les biens sont légalement grevés. L'article 560 règle la reprise des meubles. La loi ancienne assimilait , relativement à l'hypothèque légale, à celle qui épousait un commerçant , la femme qui épousait le fils d'un commerçant, s'il n'avait pas de profession à l'époque du mariage, ou s'il devenait commerçant dans l'année. Cette hypothèque était restreinte aux biens que l'époux possédait au jour du mariage, La loi nouvelle, article 563, abolit cette disposition injuste. Elle ne modifie la loi civile que pour celui qui est commerçant à l'époque de son mariage, ou qui le devient dans l'année. Dans ce cas-ci l'hypothèque de la femme ne s'applique qu'aux biens que l'époux possède au jour du mariage ou qui lui adviennent depuis', par donation entre-vifs ou testamentaire, ou par succession, et seulement 1° pour les deniers et effets mobiliers qu'elle aura apportés en dot, ou qui lui seront advenus depuis le mariage par succession, ou donation entre-vifs ou testamentaire, ayant date certaine. 2° Pour le remploi de ses biens aliénés pendant le mariage; 3° Pour l'indemnité des dettes par elle contractées avec son mari. Nous remarquerons que la loi n'exige plus de titre authentique, et se contente d'un acte sous seing privé pourvu qu'il ait date certaine ; cependant nous pensons que pour que la femme pût exercer ses reprises en nature , elle devrait produire un acte authentique. Il ne faut pas penser que si la femme ne pouvait justifier de ce qu'elle a apporté que par témoins ou même par commune renommée elle perdît tous ses droits ; mais elle n'intervient alors que comme un créancier chirographaire. D'après l'article 564, les femmes des commerçants ou de ceux qui leur sont assimilés par l'article 563 ne peuvent en cas de faillite exercer aucune action à raison des avantages stipulés en leur faveur dans le contrat de mariage; mais en revanche, les créanciers ne peuvent pas se prévaloir de ceux qui auraient été faits au mari dans le même contrat. Nous venons d'exposer à peu près les droits des femmes dans les faillites de leurs maris, mais il faut bien faire attention que jusqu'à la déclaration de faillite, les dispositions de la loi commerciale ne les atteignent pas, et qu'elles restent sous la protection de la loi civile.

De la Revendication.

En principe, tout propriétaire d'une chose, a le droit d'en demander la restitution à tous ceux qui la détiennent : l'action par la quelle il demande cette restitution se nomme *revendication*. Ceci posé, les règles de la revendication en matière de faillite deviennent parfaitement simples, et toute la question se résume dans les différents cas, à bien déterminer, si la chose est encore la propriété de celui qui la revendique, ou si déjà elle est devenue celle du failli. Dans le premier cas, elle doit être rendue à son propriétaire ; dans le second, elle fait partie de l'actif de la faillite, et doit être divisée entre les créanciers. La loi autorise la revendication de trois sortes de choses, en matière de faillite, ce sont : 1° les effets de commerce, pourvu qu'ils réunissent les conditions exprimées par l'article 574 du code de commerce ; 2° les objets déposés ou consignés, dans les cas prévus par l'art. 575 ; 3° enfin les marchandises vendues et expédiées au failli, si la tradition n'en a pas eu lieu dans ses magasins ou dans ceux du commissionnaire chargé de les vendre pour son compte.

La loi commerciale prévoit un autre cas, où le propriétaire exerce non un droit de revendication, mais un droit de rétention ; c'est celui où le vendeur a encore en sa possession les marchandises qu'il a vendues mais non expédiées. L'article 577 l'autorise dans ce cas à garder sa marchandise, à moins toutefois que comme le dit l'article suivant, les syndics n'exigent la livraison des marchandises en en offrant le prix au comptant. Ceci se conçoit : la vente était parfaite par le seul consentement du failli et du vendeur ; le premier peut exiger la délivrance de la chose en en payant le prix ; par conséquent, les syndics qui le représentent, jouissent de la même faculté. Pour que les effet de commerce puissent être revendiqués, il faut qu'ils ne soient pas encore payés, qu'ils se trouvent en nature dans le portefeuille du failli, à l'époque de sa faillite, et que les remises en aient été faites par le propriétaire, avec le simple mandat d'en faire le recouvrement et d'en garder la valeur à sa disposition, ou d'en opérer certains paiements déterminés. N'est-il pas évident, en effet, qu'ici le propriétaire n'a pas entendu se dessaisir de la propriété ? Le failli n'a ces effets en sa possession que comme mandataire ; il serait d'ailleurs injuste que les créanciers profitassent au détriment du propriétaire, d'une chose sur laquelle ils n'ont pas pu compter. La même raison est évidente dans le second cas, c'est-à-dire celui où il s'agit de marchandises consignées au failli à titre de dépôt, ou pour être vendues pour le compte du propriétaire. Celui-ci n'a nullement entendu en transmettre la propriété au failli ; il a par conséquent le droit de rentrer en possession de la chose, et si une partie de ces marchandises a déjà été vendue pour son compte, sans que le prix ait été payé ou compensé en compte courant entre le failli et l'acheteur, ce prix pourra être réclamé dans son intégralité.

Quant au troisième cas, celui où il s'agit de marchandises expédiées au failli, la question était plus embarrassante. Aussi la rédaction de l'art. 576 a-t-elle donné lieu à de longues et nombreuses discussions. En effet, en principe, la vente est parfaite par le seul consentement des parties, et dès ce moment-là, la chose vendue devient la propriété de l'acheteur, et s'il tombe en faillite, il semble qu'elle rentre dans l'actif de la faillite. Le vendeur non payé devrait, dans ce système, être considéré comme un créancier ordinaire. Cependant dans l'intérêt du commerce on a cru devoir faire fléchir la rigueur du principe, et l'art. 576 autorise la revendication des marchandises expédiées au failli, pourvu que, ainsi que nous l'avons dit, elles n'aient pas été livrées dans des magasins ou dans ceux du commissionnaire chargé de les vendre pour son compte. Toutefois comme il ne faut pas non plus donner trop d'extension à ce droit de revendication, l'article ajoute qu'elle ne sera pas recevable, si avant leur arrivée les marchandises ont été vendues sans fraude, sur factures ou sur connaissements, ou lettres de voiture signées par l'expéditeur. Dans le cas où la revendication a lieu, le revendiquant est tenu de rembourser à la masse les à comptes qu'il a reçus, ainsi que toutes les avances faites pour fret ou voiture, commission ou assurances, ou autres frais, et de payer les sommes qui seraient dues pour mêmes causes.

Vu par le président de la Thèse,

LAURENS.

Cette Thèse sera soutenue le 4 Août 1846, devant la faculté de droit de Toulouse.

Typographie de LAGARRIGUE, rue des Balances, 17, à Toulouse.

A mon Père et à ma Mère,

CE PREMIER GAGE DE MON AMOUR FILIAL.

A mon Oncle Me. A. Auzouy,

Ancien Magistrat, membre du Conseil-Général de l'Aveyron;

ET

A ma Tante Mme A. Auzouy,

Ce faible témoignage de ma reconnaissance éternelle pour toutes ses bontés.

A MES FRÈRES, A MA SOEUR ET A MON BEAU-FRÈRE.

A mes Parents, à mes Amis.

www.ingramcontent.com/pod-product-compliance
Lightning Source LLC
Chambersburg PA
CBHW071424200326
41520CB00014B/3573